Cinzia Meda

# Die Nachbarn

Redaktion : Jacqueline Tschiesche
Computerlayout : Simona Corniola
Projektleitung und Graphik : Nadia Maestri
Illustrationen : Valeria Gasparrini

Fotonachweis:
Seiten 76-77: Freiburg Wirtschaft und Touristik GmbH & Co. KG

Trotz intensiver Bemühungen konnten nicht alle Inhaber von Text-
und Bildrechten ausfindig gemacht werden. Für entsprechende
Hinweise ist der Verlag dankbar.

Wir würden uns freuen, von Ihnen zu erfahren, ob Ihnen dieses
Buch gefallen hat. Wenn Sie uns Ihre Eindrücke mitteilen oder
Verbesserungsvorschläge machen möchten, oder wenn Sie
Informationen über unsere Verlagsproduktion wünschen, schreiben
Sie bitte an:
e-mail: redaktion@cideb.it
http://www.cideb.it

CISQ CISQ CERT
TEXTBOOKS AND
TEACHING MATERIALS
The quality of the publisher's
design, production and sales processes has
been certified to the standard of
UNI EN ISO 9001

ISBN 88-7754-964-5  Buch
ISBN 88-7754-965-3  Buch + CD

Gedruckt in Genua, Italien, Litoprint

# Inhalt

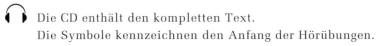

**FIT 1** Mit Übungen zur Vorbereitung der Prüfung
Fit in Deutsch 1

Die CD enthält den kompletten Text.
Die Symbole kennzeichnen den Anfang der Hörübungen.

# Freiburg und Baden-Württemberg

KAPITEL **1**

# Georg

**D**as ist Freiburg, eine schöne Stadt im Süden Deutschlands, in der Nähe vom Schwarzwald. Georg wohnt hier. Georg ist fünfzehn Jahre alt. Er ist groß für sein Alter, hat rote Haare und blaue Augen.

Die meisten Mädchen finden ihn hübsch, aber das ist ihm egal [1]. Ihn interessiert nur, was mit Verbrechen [2] zu tun hat. In den letzten zwei Jahren hat er über zweihundert Krimis gelesen und ungefähr genauso viele Kriminalfilme gesehen. In seinem Bücherregal stehen neben den Klassikern Agatha Christie, Simenon und Chandler auch Krimis nicht so berühmter [3] Autoren.

> aproximadak

1. **egal sein** : nicht interessieren.
2. **s Verbrechen** : kriminelle Aktion.
3. **berühmt** : ist der oder das, den oder was alle kennen.

6

Neben dem Regal liegt immer das Handbuch: „Wie du ein tüchtiger [1] Detektiv wirst."

Wenn er groß ist, will Georg natürlich Detektiv oder Polizist werden. Seinen Eltern hat er das schon oft gesagt. Und was hat seine Mutter dazu gemeint?

„Ja, ja, Georg. Das sind doch Träumereien [2]. Die Wirklichkeit [3] sieht anders aus." ⌒ *enfadado*

Sein Vater ist sogar böse geworden:

„Du solltest mehr an die Schule denken, Georg. Und nicht immer diese idiotischen Filme im Fernsehen sehen."

Niemand versteht ihn in dieser Familie. Armer Georg!

Georg hat eine Schwester. Sie heißt Ute. Sie ist fünf. Georg mag sie gern, aber er findet sie oft langweilig. Sie will immer spielen, aber Georg hat keine Zeit und keine Lust.

Gestern hat seine Mutter gesagt:

„Georg, morgen Abend wollen dein Vater und ich ins Theater gehen. Seit Monaten sehe ich nur noch den Supermarkt. Wir gehen ja praktisch nie aus. Da können wir doch einmal..."

Und Georg? Georg war im siebten Himmel [4]. Er dachte:

„Ist das schön! Die ganze Wohnung für mich allein. Essen was ich will und wann ich will. Den großen Fernseher für mich..."

---

1. **tüchtig** : fleißig, gut.
2. **e Träumerei** : Produkt der Phantasie.
3. **e Wirklichkeit** : Realität.
4. **im siebten Himmel** : sehr froh.

7

# DIE NACHBARN

Seiner Mutter hat er gesagt:

„Ja, Mama, gute Idee. Geht nur. Ich pass auf Ute auf."

„Kann ich mich auf dich verlassen [1]?" hat seine Mutter gefragt.

*sich verlassen auf = fiarse de, contar con*
*+Akk*

„Klar doch!"

So ist Georg heute also (fast) allein zu Hause. Seine Eltern sind vor dem Abendessen aus dem Haus gegangen – die Vorstellung [2] fängt um acht an. Das Abendessen steht schon fertig auf dem Küchentisch: Wurst, Brot, eine Flasche Mineralwasser und Pudding. Aber er hat keine Lust, sowas Banales zu essen. Er holt Popcorn, Kartoffelchips und zwei Dosen Cola aus dem Küchenschrank und pflanzt sich [3] vor den Fernseher. „Aaah, das nenn' ich Leben!"

Im Fernsehen gibt's „Die Akte X", eine seiner Lieblingsserien. Seine kleine Schwester setzt sich neben ihn, aber nach einer halben Stunde ist sie schon eingeschlafen. Während der Reklame geht Georg in die Küche, um sich noch mehr Fressalien [4] zu holen. Da hört er ein Geräusch [5]. Es kommt aus der Nachbarwohnung: er hört etwas fallen, einen kurzen Schrei [6] und dann nichts mehr.

*ruido*    *grito*

---

1. **sich auf jdn verlassen** : wissen, dass jemand auch ohne Kontrolle macht, was er machen soll.
2. **e Vorstellung** : s Theaterstück.
3. **sich pflanzen** : sich setzen.
4. **Fressalien** : etwas zum Essen.
5. **s Geräusch** : etwas, was man hört.
6. **r Schrei** : kleine Kinder schreien.

# DIE NACHBARN

„Na sowas", denkt Georg. Aber während er sich ein Brot mit Nutella schmiert [1], hört er wieder Geräusche.

„Das werden unsere Nachbarn sein", denkt er und geht an die Tür. Er guckt [2] durch den Türspion: ein Mann, sein Nachbar, steht an der Tür und schaut, ob jemand da ist.

„Eigenartig [3]", sagt Georg zu sich selbst. „Was da wohl los ist?"

Da klingelt das Telefon: es ist (natürlich) seine Mutter, die fragt, ob alles in Ordnung ist. Dann sagt sie noch, dass sie nicht vor Mitternacht zu Hause sein werden.

„Okay. Okay. Kein Problem." sagt Georg.

Er geht wieder an die Tür. Aber er hört nichts mehr. Und der Nachbar steht auch nicht mehr da.

1. **schmieren** : z.B. mit dem Messer Butter aufs Brot.
2. **gucken** : schauen/sehen.
3. **eigenartig** : komisch.

# Leseverständnis

FIT 1 **1** **Richtig (R) oder falsch (F)?**

|  | R | F |
|---|---|---|
| 1. Georg liest viel. | ✓ | |
| 2. Er möchte Polizist werden. | ✓ | |
| 3. Die Eltern von Georg verstehen ihn nicht. | ✓ | |
| 4. Er bleibt nicht gern allein zu Hause. | | ✓ |
| 5. Seine Mutter hat ihm das Abendessen schon auf den Tisch gestellt. | ✓ | |
| 6. Er sieht den ganzen Abend fern. | ✓ | |
| 7. Er hört Geräusche aus der anderen Wohnung. | ✓ | |
| 8. Seine Eltern kommen plötzlich zurück. | | ✓ |

**2** **Essen und Trinken**

**Das Abendbrot auf dem Küchentisch lässt Georg stehen. Heute möchte er nichts „Banales" essen und trinken. Was weißt du, was glaubst du? Was findet Georg „banal", was nicht? Kannst du sortieren?**

Kartoffelchips – Tee – Mineralwasser  – Cola – ein Brot mit Käse  – ein Brot mit Wurst – Kartoffelpurree – Popcorn – Schokoladeneis – Erbsensuppe – Pudding –  Sauerkraut – Magerjogurt – Reis mit Rindfleisch – Spinat – Tortillas – Hähnchen vom Grill ...

| banal | lecker |
|---|---|
|  |  |
|  |  |
|  |  |

**3** **Wer macht was? Bilde Sätze und ordne sie den Bildern zu!**

1. Die Eltern / weggehen
2. Georg / gehen / Küche
3. Georg / sitzen / Fernseher
4. Seine Schwester / schlafen
5. Georg / hören / Geräusche
6. Seine Mutter / anrufen

*Seine Schwester schläft*

Seine Mutter angeruft

Die Eltern weggehen

Georg hört Geräusche

Georg geht in die Küche

Georg setzt vor den Fernseher

# Sprechen und Schreiben

**1** **Allgemeine Fragen.**

1. Liest oder siehst du gern Krimis? Gibt es einen, der dir besonders gut gefällt?
2. Hast du Geschwister (Brüder oder Schwestern)? Wie alt sind sie?
3. Bist du abends manchmal allein zu Hause?
4. Was machst du, wenn du allein zu Hause bist? (auch morgens oder nachmittags)
5. Isst du, wenn du allein zu Hause bist? Was?
6. Bist schon einmal ins Theater gegangen? Mit wem?

**2** **Wortschatz. Suche das passende Gegenteil aus der Liste:**

1. hässlich
2. schwach    *debil*
3. jung
4. blond
5. groß
6. unfreundlich
7. interessant
8. hell

a. dunkel
b. schön
c. klein
d. schwarzhaarig
e. freundlich
f. stark    *fuerte*
g. alt
h. uninteressant

**3** Berühmte Detektive: Welche Detektive kennst du? Wie findest du sie?

1. Derrick (Inspektor)
2. Mulder / Scully (FBI-Agenten)
3. Mrs. Fletcher
4. Colombo
5. Sherlock Holmes und Watson
6. Mrs. Marple
7. Hercule Poirot
8. Maigret

**Kannst du zwei von ihnen kurz nach dem Beispiel beschreiben?**

*Beispiel:* Derrick: Nationalität / Alter / Beruf

> Er ist aus Deutschland, er ist älter als 50, er ist Polizist.
> Sein Assistent heißt Harry.

**4** **Kannst du eine Person beschreiben?**
**Und wie siehst du aus? Beschreib a) dich selbst b) eine der Personen,**
**die du unten auf den Fotos siehst!**

Augen: blau/grün/schwarz/braun

Haare: schwarz/dunkel/braun/blond

Größe: groß/mittelgroß/kein

**Wer sind sie?**

# Grammatik

**1** **Diese Verben kennst du sicher schon. Kannst du ergänzen, was fehlt?**

## VERBEN PRÄSENS

| Sein | Haben | Wissen | Sehen |
|------|-------|--------|-------|
| ich bin | ich habe | ich weiß | ich sehe |
| du bist | du ha... | du weißt | du si...t |
| er ist | er hat | er wei... | er sieht |
| sie ist | sie hat | sie wei... | sie sieht |
| es ist | es hat | es weiß | es sieht |
| wir sind | wir haben | wir wissen | wir sehen |
| ihr sei... | ihr habt | ihr wisst | ihr s...ht |
| sie sin... | sie haben | sie wissen | sie sehen |
| Sie haben | Sie haben | Sie wissen | Sie sehen |

**2** **Welches Verb passt? In welcher Form?**

*Beispiel:* Georg ist aus Freiburg

### sein    haben    sehen    wissen

1. ......Hat...... Georg zwei Schwestern? ......Hat...... sie fünf und sieben Jahre alt?
2. Er ...Sicht...... immer Krimis im Fernsehen.
3. Georg ......hat......... manchmal mit seinen Eltern Probleme.
4. Das ......ist......... mir egal.
5. „Wo ist deine Mutter?" Ich ......weiß...... es nicht.

6. Ich ....*habe*.... keine Zeit für dich.

7. Wir ...*sehen*.... unsere Freunde am Wochenende.

8. ....*Seit*...... ihr oft allein zu Hause?

**3** **Georg erzählt. Setze die folgenden Sätze in die Vergangenheit (Perfekt):**

*Beispiel: Ich sehe fern.*
*Ich habe ferngesehen.*

1. Meine Eltern gehen aus.

   .....*Meine Eltern sind gegangen aus*......................

2. Die Vorstellung fängt um sieben Uhr an.

   .....*Die Vorstellung hat angefangen um sieben Uhr*

3. Ich hole mir etwas zu essen.

   .....*Ich habe geholten etwas zu essen*......................

4. Meine Schwester setzt sich zu mir.

   ..................................................................................

5. Sie schläft sofort ein.

   ..................................................................................

6. Ich gehe in die Küche.

   ..................................................................................

7. Ich höre ein Geräusch aus der Nachbarwohnung.

   ..................................................................................

8. Ich gehe an die Tür.

   ..................................................................................

9. Ich sehe den Nachbarn.

   ..................................................................................

10. Meine Mutter ruft mich an.

   ..................................................................................

# Hören und Verstehen

**1** Hör gut zu und ergänze „u" oder „ü".

   1. ber......hmt

   2. f......nfzehn

   3. h......bsch

   4. n......r

   5. zweih......ndert

   6. B......cherregal

   7. Handb......ch

   8. K......che

   9. t......chtig

  10. nat......rlich

  11. Sch......le

  12. K......chen

**2** Auf der CD sprechen drei Personen über das Thema „Kriminal-romane". Höre dir die CD an und beantworte dann die Fragen.

Wem gefallen welche Bücher?

Wer findet welche Bücher langweilig?

| Anna | Jens | Sascha |
| --- | --- | --- |

Darf das Mädchen Krimis lesen?

# Die Nachbarn

**H**err und Frau Beier sind seit vier Jahren Georgs Nachbarn. Frau Beier ist vielleicht 50 Jahre alt. Sie ist sehr klein, dünn und hat graue Haare. Schön ist sie nicht, aber sie ist immer sehr nett zu Georg und seiner Schwester. Vor einigen Jahren schenkte sie Georg immer Schokolade. Jetzt schenkt sie nur noch seiner Schwester welche. Aber letztes Jahr hat sie ihm zu Weihnachten einen Krimi geschenkt, den er noch nicht kannte. Daher weiß er, dass Frau Beier und er etwas gemeinsam haben [1]: die Leidenschaft [2] für Detektivromane.

Herr Beier ist jünger als sie. Er muss so um die 40 sein.

---

1. **gemeinsam haben** : *(hier)* dasselbe Hobby haben.
2. **e Leidenschaft** : e Liebe.

# DIE NACHBARN

Er ist nicht schön, aber er findet sich sehr schön. Von Beruf ist er Angestellter, aber er verbringt viel Zeit im Sportclub, wo er Bodybuilding macht. Er hat so viele Muskeln wie Schwarzenegger. Herr Beier spricht immer mit schönen Frauen aus der Nachbarschaft, auch mit Georgs Mutter. Georg mag ihn nicht, und er mag Georg nicht. Wenn man Herrn und Frau Beier auf der Straße trifft, ist Herr Beier immer sehr nett zu ihr. Aber wenn sie zu Hause sind, hört Georg sie immer streiten. Georgs Zimmer liegt direkt neben ihrem Schlafzimmer.

Einmal hatten Georg und seine Mutter Herrn Beier vor den Garagen getroffen. Er hatte eine Bierflasche in der Hand. Es war klar, dass er ein bißchen betrunken [1] war. Er hat zu Georgs Mutter gesagt:

„Ein schöner Tag heute, aber wenn ich Sie sehe, wird er noch schöner, Frau Schnabel."

Seine Mutter hat nicht geantwortet. Georg hat gesagt:

„Was der für Augen hat. So kleine Schweinsaugen. Ich glaube, das ist ein ganz schweinischer Typ."

Seine Mutter ist böse geworden, wie immer:

„Was sagst du denn da?! Georg!"

Aber Georg wusste, dass auch seine Mutter so dachte wie er und dass auch ihr Herr Beier gar nicht gefiel.

---

1.  **betrunken** : ist, wer zuviel getrunken hat.

# Die Nachbarn

Am nächsten Morgen steht Georg wie immer um halb sieben auf. Die Schule fängt um acht Uhr an. Er muss frühstücken und den Bus nehmen. Er braucht eine Dreiviertelstunde, um zur Schule zu kommen.

Georgs Eltern haben eine große Wohnung in einem Wohnhaus in einem kleinen Dorf etwas außerhalb [1] Freiburgs: Stapfen. Georg wohnt dort gar nicht gern. Alles ist so weit weg und es gibt in dem Dorf kein Kino und keine Diskothek. Es gibt nur ein Café, wo alte Leute Kuchen essen, und eine Kneipe [2], wo alte Leute abends ihr Bier trinken. Georg sagt immer:

„Mit achtzehn, wenn ich mit der Schule fertig bin, will ich in die Stadt..."

Morgens trinkt Georg Milchkaffee und isst ein Käsebrötchen. Sonst [3] steht das Frühstück immer schon fertig auf dem Tisch. Heute ist der Tisch leer. Seine Mutter ist nicht in der Küche. Wo sie bloß ist? Sie ist im Wohnzimmer und spricht mit Frau Pampe. Frau Pampe ist die Nachbarin von unten. Sie sagt gerade:

„Sie ist heute Morgen um halb sechs gestorben."

---

1. **außerhalb** : nicht in der Stadt.
2. **e Kneipe** : wo man Bier trinkt.
3. **sonst** : normalerweise.

Sie hat sich schlecht gefühlt und ihr Mann hat sofort den Arzt gerufen, aber es war zu spät..."

Seine Mutter meint:

„Oh, die arme Frau. Wie ist sie denn gestorben, wissen Sie das?" „Sie soll einen Herzschlag [1] bekommen haben."

„Ach, die Arme, wie alt war sie denn eigentlich?"

„Ich glaube, fünfzig. So jung schon sterben, ach, die Arme!" Georg hört aufmerksam [2] zu. Wenn Frau Beier sich früh morgens schlecht gefühlt hat, was hat er dann am Abend zuvor gehört? Es hat natürlich keinen Zweck [3], darüber mit seiner Mutter zu sprechen. Sie würde ihm gar nicht zuhören. Also will Georg der Sache auf eigene Faust [4] nachgehen. Da stimmt doch etwas nicht [5]! Und wenn... wenn Frau Beier ermordet [6] worden ist?

---

1. **r Herzschlag** : r Infarkt.
2. **aufmerksam** : konzentriert.
3. **r Zweck** : r Sinn
4. **auf eigene Faust** : autonom.
5. **etwas stimmt nicht** : etwas ist nicht in Ordnung.
6. **ermorden** : töten.

# Leseverständnis

**1** **Was ist richtig?**

1. Frau Beier ist
   a. ☐ jünger
   b. ☐ schöner  als ihr Mann.
   c. ☐ älter

2. Frau Beier
   a. ☐ schenkt Georg Schokolade.
   b. ☐ mag Georg nicht.
   c. ☐ hat ihm ein Buch geschenkt.

3. Herr Beier
   a. ☐ ist sehr stark.
   b. ☐ liebt seine Frau.
   c. ☐ liebt Georgs Mutter.

4. Georgs Mutter
   a. ☐ findet Herrn Beier sympathisch.
   b. ☐ mag Herrn Beier nicht.
   c. ☐ trifft Herrn Beier täglich.

5. Georg steht immer früh auf, denn
   a. ☐ er muss frühstücken.
   b. ☐ die Schule beginnt um acht.
   c. ☐ er kann nicht schlafen.

6. Frau Pampe
   a. ☐ tot.
   b. ☐ ist gut informiert.
   c. ☐ spricht wenig.

7. Herr Beier sagt, Frau Beier hat sich
   a. ☐ am Morgen
   b. ☐ am Abend vorher schlecht gefühlt.
   c. ☐ in der Nacht

8. Frau Beier war
   a. ☐ sehr alt.
   b. ☐ noch nicht sehr alt.
   c. ☐ sehr krank.

9. Georg will
   a. ☐ nichts mehr hören.
   b. ☐ darüber mit seiner Mutter sprechen.
   c. ☐ mehr wissen.

# Sprechen und Schreiben

**FIT 1 1 Allgemeine Fragen – Und du?**

1. Was isst man in deinem Land zum Frühstück? Und in Deutschland?
2. Was isst du zum Frühstück?
3. Steht das Frühstück morgens schon fertig auf dem Tisch?
4. Wie kommst du zur Schule?
5. Hast du einen weiten Schulweg?
6. Wann beginnt die Schule in deinem Land?
7. Welche Fächer magst du?
   *Italienisch    Deutsch oder andere Fremdsprachen*
   *Mathematik    Sport    Philosophie    Geschichte*
8. Gefällt dir deine Schule?

# Grammatik

**1** **Diese Verbtabellen sind nicht ganz komplett. Ergänze, was fehlt!**

| | | |
|---|---|---|
| ich mag | ich gefalle | ich schmecke |
| du magst | du gef...llst | du schmeckst |
| er mag | er gefällt | er schmeck... |
| sie ma... | sie gefällt | sie schmeckt |
| es ma... | es gefällt | es schmeckt |
| wir mögen | wir gefallen | wir schmecken |
| ihr mögt | ihr gef...llt | ihr schmeck... |
| sie mögen | sie gefallen | sie schmecken |
| Sie mögen | Sie gefallen | Sie schmecken |

*Beispiele:*

1. Ich mag Kartoffeln / Mir schmecken Kartoffeln.
2. Georg mag Krimis / Ihm gefallen Krimis.

**Setze den fehlenden Vokal ein:**

1. Wir m.....gen kein Sauerkraut.
2. Der neue Lehrer gef.....llt uns.
3. M.....gst du nicht mitkommen?
4. Ich gef.....lle den Eltern meiner Freundin nicht.
5. Georg m.....g seinen Nachbarn nicht.
6. Ihr m.....gt doch sonst so gerne Kakao!

**Setze passende Pronomen ein (mehrere Möglichkeiten):**

1. .................... gefällt meiner Mutter nicht.
2. Meine Pommes schmecken .................... nicht.
3. .................... mag mich nicht.
4. Mögt .................... mich denn nicht?
5. .................... gefallen uns sehr.

**2** Was weißt du über Georgs Vorlieben? Sag es mit dem richtigen Verb in der richtigen Form.

*Beispiele:* Diese Kartoffeln schmecken uns nicht.

**schmecken    gefallen    mögen**

1. Georg ................... gern Schokolade.
2. Kartoffelchips ................... ihm gut.
3. Herrn Beier ................... Georg nicht.
4. Der Film „Die Akte X" ................... ihm gut.
5. ................... ihm die Käsebrote?
6. Er ................... seine Schwester.
7. Georg ................... dieselben Krimis wie Frau Beier.
8. Georg ................... keine langweiligen Spiele.

# Hören und Verstehen

**1** Hör gut zu und ergänze „f", „v" oder „w".

1. .....einen
2. .....ier
3. .....ünschen
4. .....ünfzig
5. .....ielleicht
6. .....or
7. .....oher
8. .....erbringt
9. .....er bringt
10. .....iertel
11. .....rühstücken
12. .....ie .....iel
13. .....ertig
14. .....rüh

IT 1 🎧 **2** Hörverständnis: das Frühstück.
Auf den Bildern siehst du, was vier verschiedene Leute frühstücken.

Wer isst was zum Frühstück?

| Georg | |
|---|---|
| Hans | |
| Georgs Vater | |
| Herr Beier | |

# Georgs Nachforschungen

**G**eorg will nicht in die Schule. Er will sehen, was passiert. Als er hinausgehen will, sieht er, dass Beiers Wohnungstür offensteht. Herr Beier steht in der Tür und spricht mit den Nachbarn. Er sieht traurig aus, aber Georg sagt nichts und sieht ihn böse an. Er glaubt nicht, dass er traurig ist. Georg geht aus dem Haus. Er geht in das Café gegenüber und wartet. Er sieht seine Mutter mit seiner Schwester aus dem Haus kommen. Sie bringt sie in den Kindergarten.

„Gut", denkt Georg, „dann kann ich in ein paar Minuten wieder reingehen."

Er wartet noch zehn Minuten. Dann geht er zurück in die Wohnung. Er stellt sich in der Nähe der Tür auf. Er wartet eine halbe Stunde, eine Stunde... Georg liest in einem Comic und langweilt sich. Er muss immer an einen Satz aus seinem „Handbuch für den tüchtigen Detektiv" denken:

„Glaubt nicht, dass die Arbeit eines Detektivs immer interessant ist. Die meiste Zeit verbringt er mit Warten."

Da! Er hört, dass Herr Beier aus der Wohnung kommt. Er trägt einen schwarzen Müllbeutel. Ein paar Minuten später kommt er zurück. „Das ist doch absurd", denkt Georg, „wie kann er an den Müll denken, wo seine Frau gerade gestorben ist?"

Georg geht in den Hof hinunter, wo die Mülltonnen [1] stehen. Niemand da. Er hat Glück. Es gibt nur zwei Müllbeutel [2] und nur einer ist schwarz. Das muss der Beutel sein, den Herr Beier nach unten gebracht hat. Er macht den Sack auf und findet darin einen halben Fisch, zwei leere Milchflaschen, eine alte Zeitung, einen Schuh und: einen durchsichtigen [3] Plastikbeutel mit Spuren [4] eines weißen Pulvers. Ein Medikament?

Am Nachmittag ruft er Hans an, seinen besten Freund. Hans ist acht Monate älter als er. Er wohnt im Haus nebenan. Sie waren schon zusammen in den Kindergarten gegangen. Hans ist sehr intelligent und gut in der Schule. Hans ist kein Krimi-Fanatiker wie Georg. Er liest lieber

---

1. **e Mülltonne** : der Müll, der nicht in der Wohnung bleiben soll, kommt in die Mülltonne.
2. **r Müllbeutel** : kleiner Sack für Müll.
3. **durchsichtig** : transparent.
4. **e Spur** : (hier) Indiz.

# DIE NACHBARN

Science-Fiction-Romane. Er weiß viel über Planeten, UFOs und übernatürliche Phänomene. Er will Wissenschaftler [1] werden. Aber was Georg erzählt, interessiert ihn auch.

„Das sehe ich auch so wie du. Der Beier hat seine Frau ermordet und da muss man etwas tun. Du musst zur Polizei gehen und alles erzählen."

„Die glauben mir doch nicht, Hans! Ich habe keine Beweise [2], und außerdem bin ich für die doch noch ein Kind."

Aber Hans läßt nicht locker:

„Du hast zwei Indizien. Du hast in der Nacht einen Schrei gehört und du hast den Beier einen Beutel wegwerfen [3] sehen, in dem vielleicht Gift [4] war."

„Ich möchte noch auf eigene Faust weitersuchen" sagt Georg. Aber Hans will das nicht:

„Nein. Das ist gefährlich. Wenn der Typ wirklich seine Frau umgebracht [5] hat, ist das gefährlich. Geh zur Polizei... Versuch's wenigstens mal!"

„Na gut", sagt Georg, „sie werden mir nicht glauben, aber ich kann ja trotzdem hingehen..."

---

1. **r/e Wissenschaftler/in** : Physiker/in, Chemiker/in etc.
2. **r Beweis** : sicheres Indiz.
3. **wegwerfen** : in die Mülltonne tun.
4. **s Gift** : Substanz, die krank macht oder tötet.
5. **umbringen** : ermorden.

# Leseverständnis

**1** **Was ist richtig?**

1. Georg mag nicht:
   - **a.** ☐ Stapfen.
   - **b.** ☐ die Stadt.
   - **c.** ☐ Deutschland.

2. Georg geht nicht in die Schule, denn
   - **a.** ☐ er hat keine Lust.
   - **b.** ☐ er will Herrn Beier kontrollieren.
   - **c.** ☐ er muss den Müll wegwerfen.

3. Herr Beier
   - **a.** ☐ geht nicht aus dem Haus.
   - **b.** ☐ geht in den Hof.
   - **c.** ☐ wirft den Müll aus dem Fenster.

4. Im Mülleimer findet Georg
   - **a.** ☐ nichts.
   - **b.** ☐ etwas Interessantes.
   - **c.** ☐ ganz normalen Müll.

5. Hans liest
   - **a.** ☐ so viele Krimis wie Georg.
   - **b.** ☐ Bücher für die Schule.
   - **c.** ☐ Science-Fiction.

6. Hans
   - **a.** ☐ will zur Polizei, weil er Deutscher ist.
   - **b.** ☐ zur Polizei, weil er Angst hat.
   - **c.** ☐ nicht zur Polizei.

# Sprechen und Schreiben

**FIT 1** **1** **Allgemeine Fragen – Wo wohnst du?**

1. Wo wohnst du? Wohnung ☐ Haus ☐
2. Wie viele Zimmer hat euer Haus/eure Wohnung?
3. Wo wohnst du? Stadt ☐ Meer ☐ Land ☐ Gebirge ☐
4. Magst du deine Stadt/dein Dorf? Ja ☐ Nein ☐
5. Wo möchtest du gern wohnen? Stadt ☐ Meer ☐
   Land ☐ Gebirge ☐
6. Möchtest du gern im Ausland wohnen? Wo? Deutschland ☐
   England ☐ Amerika ☐ anderswo ☐

**2** **Bücher**

Hans liest Science-Fiction Bücher, Georg Krimis, und du?

Zu welchen Gattungen gehören die folgenden Bücher?

Welche von diesen Büchern würdest du am liebsten lesen?

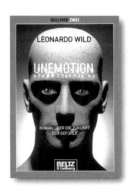  

Gattungen: **a.** Science-Fiction
          **b.** Abenteuerroman
          **c.** historischer Roman

1. „Lausige Zeiten" von Joseph Holub
   Protagonist ist der 14 jährige Josef. Der Roman spielt in der Nazizeit.

2. „Luise Indiewelt" von Eckhard Mieder
   Die Abenteuer von Luise werden hier erzählt. Eine Odyssee zu
   Wasser und zu Lande.

3. „Unemotion" von Leonardo Wild
   Ernest lebt in der Nähe von Washington. Die Menschen
   werden Tag und Nacht überwacht (kontrolliert). Sie werden
   manipuliert und vegetieren dahin. Aber Ernest schafft es, sich
   in ein Mädchen zu verlieben.

# Grammatik

**1** **Präpositionen „in" „aus" „mit".**

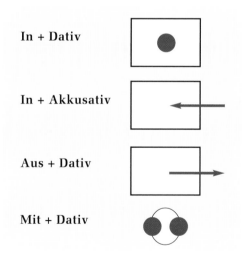

In + Dativ

In + Akkusativ

Aus + Dativ

Mit + Dativ

*Beispiele:*

1. Georg ist in seinem Zimmer. / Georg fährt in die Stadt.

2. Herr Beier geht aus dem Haus.

3. Georgs Mutter ist mit ihrer Tochter im Wohnzimmer.

# Hören und Verstehen

🎧 **1** **Ergänze mit den Präpositionen „in", „aus" oder „mit". Dann hör dir die CD an und korrigiere, was du falsch gemacht hast.**

1. Georg will nicht .......... die Schule.
2. Herr Beier spricht .......... dem Nachbarn.
3. Georg geht .......... dem Haus, .......... ein Cafè und wartet.
4. Er sieht seine Mutter .......... seiner Schwester .......... dem Haus kommen. Sie bringt sie .......... den Kindergarten.
5. Er geht zurück .......... die Wohnung und liest .......... einer Zeitschrift.
6. Er muss immer an einen Satz .......... seinem Handbuch denken.
7. Ein Detektiv verbringt viel Zeit .......... Warten.
8. Hans ist sehr gut .......... der Schule.

🎧 **2** **Was fehlt? Ergänze und hör dir dann die CD mit der Lösung an.**

**Hans:** Das sehe ich auch so ............... du. Der Beier hat ............... Frau ermordet, und da muss man ............... tun. Du musst zur Polizei gehen und alles erzählen, ............... du weißt.

**Georg:** Die glauben ............... doch nicht, Hans. Ich habe ............... Beweise, und außerdem bin ich für die doch ............... ein Kind.

**Hans:** Du hast ............... Indizien. Du hast ............... der Nacht einen Schrei gehört und du hast ............... Beier einen Beutel wegwerfen sehen, in ............... vielleicht Gift war.

**2** Georg geht also zur Polizei. Nicht alle Leute haben gern mit der Polizei zu tun. Auf der CD kannst du vier Szenen hören.

1. Welche dieser Personen möchten lieber nichts mit der Polizei zu tun haben? Warum nicht?
2. Welche Personen haben die Polizei gerufen und warum?
3. Was denken die Polizisten in diesen vier Situationen? Was glaubst du?

# Spiel

### Rätsel

**1** Die gesuchten Wörter formen zusammenn den Titel dieses Buches.

1. Die „Schule" der kleinen Kinder
2. Das Gegenteil von weiß
3. Zeitschrift mit Zeichnungen
4. Da kann man wohnen

5. Beruf
6. Man nimmt es, wenn man krank ist
7. Mit jemandem telefonieren
8. Sechzig Minuten

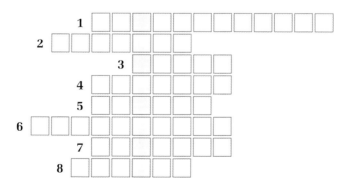

# Bevor du weiterliest...

**1** **Ausblick.**

1. Was für ein Pulver hat Georg gefunden?

   Waschpulver – Rattengift – Drogen – ein Medikament – Zucker

2. Wie und wo kann Georg mehr erfahren? Soll er in die Wohnung von Herrn Beier einsteigen? Soll er Herrn Beier oder die Nachbarn befragen? Welche Fragen soll er ihnen stellen?

3. Glaubst du, Herr Beier hat seine Frau ermordet? Wann und wie? Welches Motiv hat Herr Beier?

   Ergänze den Dialog zwischen einer Polizistin und Georg.

   **Polizistin:** „Was willst du denn?"

   **Georg:** „Meine .............. ist tot."

   **Polizistin:** „Und?"

   **Georg:** „Ihr Mann hat .............. ."

   **Polizistin:** „Was sagst du denn da? Warum glaubst du, er hat ...............?"

   **Georg:** „Abends habe ich ... .... gehört. Am Morgen war die Frau .............. ."

   **Polizistin:** „Da ist sicher ein Buch vom Tisch gefallen oder so."

   **Georg:** „Ich habe auch ... ... ...."

   **Polizistin:** „Na dann gib mal her. Das lassen wir analysieren. Und erzähle niemandem von der Geschichte."

4. Glaubt die Polizei Georg?

# Auf der Polizeiwache

**D**ie Polizeiwache [1] befindet sich in einem anderen Dorf. Georg und Hans fahren mit dem Fahrrad hin. Georg spricht in einem hässlichen, grauen Büro mit einem Polizisten. Der Polizeibeamte ist groß, blond und raucht. Er heißt Trumpel. Georg erzählt ihm, was er weiß. Besonders interessiert sieht der Polizist nicht aus. Er fragt:

„Wie alt bist du?"

„Ich bin 16", lügt Georg.

„Du siehst aber jünger aus."

„Ich weiß."

„Wissen deine Eltern, dass du hier bist?"

„Mmmh..."

---

1.  **e Polizeiwache** : dort kann man mit den Polizisten des Ortes sprechen.

# DIE NACHBARN

„Na gut... Lass mir eure Telefonnummer und Adresse da. Wenn es etwas Neues gibt, rufe ich dich an..."

„Und... das Pulver?"

„Ah ja... das mysteriöse Pulver", sagt er ironisch, „dann gib mir mal den Beutel. Den schicken wir ins Labor. Das ist garantiert Waschpulver oder so was. Aber man kann ja nie wissen."

Georg bleibt stehen.

„Was willst du denn noch?" fragt der Polizist.

„Wenn Sie was finden..."

„Wirst du von uns hören."

„Danke, Herr Wachtmeister." sagt Georg.

Der Polizist sagt:

„Tschüss."

Hans wartet vor der Wache auf ihn.

„Mit wem hast du gesprochen?" fragt er.

„Mit einem, der Trumpel heißt. Er hat den Plastikbeutel haben wollen. Er schickt ihn ins Labor. Nur... ich weiß nicht... großes Interesse hatte er nicht."

„Und jetzt?" fragt Hans.

„Ich will andere Beweise suchen."

„Und wie?"

„Das weiß ich noch nicht. Da muss ich erstmal nachlesen, was in meinem Handbuch steht."

In Georgs Zimmer lesen Hans und Georg im Handbuch:

# Auf der Polizeiwache

„Viele Indizien kannst du am Tatort [1] finden." Die beiden Freunde sehen sich an.

„Genau." sagt Georg: „Irgendwie muß ich in Beiers Wohnung kommen. Vielleicht finde ich dort etwas."

„Und wie willst du da reinkommen?"

„Über den Balkon. Die Balkone unserer und seiner Wohnung liegen nah beieinander."

„Mensch, das ist doch gefährlich!"

„Ach was, das wird schon glatt [2] gehen, du wirst sehen."

„Und ich sage dir, dass das gefährlich ist. Wie willst du sicher sein, dass er nicht zu Hause ist?"

„Morgen... Morgen Nachmittag ist Frau Beiers Beerdigung [3]. Das hat mir meine Mutter gesagt. Er muss ja wohl zur Beerdigung gehen. Während er dort ist, steige ich in seine Wohnung ein."

„Und wenn er... man weiß ja nie... wenn er zurückkommt?"

„Ach, Hans..."

„Na gut, dann machen wir das so: Ich warte unten vor dem Haus mit dem Fahrrad. Wenn ich den Beier sehe, läute [4] ich zweimal mit meiner neuen Fahrradklingel. Das Läuten kennst du doch, oder?"

„Na klar. Deine Fahrradklingel kennt ja ganz Stapfen."

„O.K., aber... Angst habe ich doch."

Georg hat gar keine Angst... er ist nur aufgeregt [5].

1. **r Tatort** : wo das Verbrechen passiert ist.
2. **glatt (gehen)** : ohne Probleme.
3. **e Beerdigung** : ein Toter wird „unter die Erde gebracht".
4. **läuten** : klingeln.
5. **aufgeregt** : nicht ruhig.

# Leseverständnis

**1** **Richtig oder falsch?**

|  | R | F |
|---|---|---|
| 1. Georg und Hans fahren mit dem Bus zur Polizeiwache. | ☐ | ☐ |
| 2. Hier sprechen beide mit einem Polizisten. | ☐ | ☐ |
| 3. Der Polizist nimmt das Pulver. | ☐ | ☐ |
| 4. Georg sagt, der Polizist war nicht interessiert. | ☐ | ☐ |
| 5. Georg will allein nach Beweisen suchen. | ☐ | ☐ |
| 6. Georg will mit Herrn Beier sprechen. | ☐ | ☐ |
| 7. Er will in Herrn Beiers Wohnung. | ☐ | ☐ |
| 8. Hans und Georg haben Angst. | ☐ | ☐ |

**2** **Das ist doch gefährlich**

Wie und wann will Georg in Herrn Beiers Wohnung kommen?

Ist das legal?

Warum ist das gefährlich?

Was sagt Herr Beier, wenn er Georg in seiner Wohnung sieht?

Und du? Du bist Georgs Freund: Was sagst du ihm?

„Lass das, das ist zu gefährlich!"

„Vergiss die ganze Geschichte."

„Na dann viel Spaß."

„Hals- und Beinbruch." (das heißt im Deutschen: Viel Glück!)

„Adieu, mein Freund."

# Sprechen und Schreiben

**1** **Was ist wichtig, wenn man ein richtiger Detektiv sein will?**

ein Computer / eine Pistole / ein Fotoapparat / Sprachkenntnisse /
Freunde bei der Polizei / eine gute Note in Sport / keine Angst haben /
warten können / kleine Mikrofone

Was sind die drei wichtigsten Elemente? Begründe deine Wahl.

*Beispiel:* Wenn man ein richtiger Detektiv sein will, muss man
einen Computer haben. Dann kann man alle
Informationen über die Leute bekommen.

Wenn du die langen Wörter aus der Anzeige mit Hilfe eines
Wörterbuchs verstanden hast – kannst du dann erklären, wer
diese Geräte wann braucht?

**2** **Allgemeine Fragen. Was tust oder sagst du in diesen Situationen?**

1. Dein Hund ist plötzlich sehr krank geworden. Du glaubst, dein
   Nachbar hat ihn vergiftet. Suchst du nach Beweisen (wie und
   wo)? Sprichst du mit dem Nachbarn (was sagst du ihm)? Gehst
   du zur Polizei?

2. Jemand hat das Radio deines besten Freundes gestohlen. Dein
   Freund ist sicher, dass es sein Nachbar war. Er will in der
   Wohnung des Nachbarn nachsehen, wenn der Nachbar bei der
   Arbeit ist.

# Grammatik

**1** **Komparativ.**

Der Polizist sagt: „Du siehst aber jünger aus!"

Wie bildet man den Komparativ? Es gibt drei Gruppen:

   I   Adjektiv + „er"            interessant → interessanter

  II  Adjektiv + Umlaut + „er"   jung → jünger

 III  unregelmäßig             viel → mehr

*Beispiele:* Hans ist älter als Georg.

            Dieser Film ist interessanter als der amerikanische Film.

            Hans spricht besser Englisch als Georg.

**2** **Welche der folgenden Adjektive gehören zu welcher der Gruppen I-III? Welches dieser Adjektive „passt" (im Komparativ natürlich) in die folgenden Sätze?**

     **stark    jung    alt    groß    klein    gut    interessant**

1. Frau Beier ist ............... als Herr Beier.
2. Uta ist ............... als Georg.
3. Der Polizist ist ............... als Georg.
4. Stapfen ist ............... als Freiburg.
5. Hans ist in der Schule ............... als Georg.
6. Krimis sind ............... als Schulbücher.
7. Herr Beier ist ............... als Georg.

# Hören und Verstehen

**1**  Hör gut zu und ergänze „h" wo du eins hörst.

1. .....ans              2. .....eißen
3. .....aben             4. .....andere
5. .....ässlich          6. .....erzählen
7. .....ier              8. .....ihr
9. .....andbuch         10. .....etwas

# Falsch! Falsch! Falsch!

**2**  Diese Wörter sind falsch geschrieben. Hör gut zu und korrigiere sie:

1. varten     ...................     2. Plastiboitel  ...................
3. Labör      ...................     4. Bewiese       ...................
5. Zimer      ...................     6. Bahlckon      ...................
7. geferlich ...................      8. Berdigung     ...................
9. Farad      ...................    10. Hangst        ...................

# Der Tag der Beerdigung

**H**eute ist Samstag und Georg braucht nicht in die Schule zu gehen.

Beim Frühstück meint seine Mutter:

„Georg, du weißt doch, dass heute nachmittag Frau Beiers Beerdigung stattfindet [1].

„Ja, Mama."

„Um drei müssen wir in der Kirche sein."

„Wir?" Georg denkt:

„Wie soll ich mir denn die Nachbarwohnung ansehen, wenn ich mit meiner Mutter bei der Beerdigung bin?"

---

1. **ein Fest findet statt** : es gibt ein Fest.

44

„Aber natürlich. Du kommst doch wohl mit! Frau Beier ist immer so nett zu dir gewesen. Und da willst du noch nicht einmal mitkommen, um sie... um ihr... ihr."

„... Lebewohl zu sagen?"

Seine Mutter sieht ihn böse an.

„Das ist nicht schön von dir, Georg."

„Schon gut, war nur ein Witz [1]. Ich komme ja mit. Aber..."

„Aber was?"

„Ich muss um vier bei Dr. Pest sein."

„Bei deinem Lehrer? Am Samstag?"

„Ja, Ich gehe mit Hans und vier anderen aus meiner Klasse. Dieses Jahr sollen wir ein Theaterstück für das Weihnachtsfest vorbereiten."

Das funktioniert. Seine Mutter glaubt ihm.

„Also gut, Georg. Du kommst mit in die Kirche und dann gehst du zu deinem Lehrer."

Georg ist zufrieden. Er ruft Hans an. Treffpunkt: vor dem Haus, um vier Uhr.

Georg kommt punkt vier. Hans wartet schon mit seinem Fahrrad auf ihn. Niemand ist auf der Straße. In Stapfen sind immer nur wenige Leute auf der Straße.

„Also, ich geh jetzt rauf."

---

1.  **r Witz** : Scherz, etwas zum Lachen.

# DIE NACHBARN

„Alles klar. Wenn er kommt, klingle ich zweimal."

Georg geht ins Haus.

Er geht auf den Küchenbalkon. Er sieht auf den Nachbarbalkon. Das Fenster steht offen. Er steigt auf den Nachbarbalkon. Ein bisschen Angst hat er schon. „Sieh nicht nach unten!" sagt er laut zu sich selbst. Es ist nicht sehr schwierig. Er hat eine „Eins [1]" in Sport. Das muß bei einem Detektiv so sein.

Jetzt ist er in der Nachbarwohnung.

Die Wohnung ist genau wie die Wohnung seiner Eltern. Nur ist sie komfortabler und schicker. Er geht durch alle Zimmer: Küche, Wohnzimmer, Schlafzimmer, Bad, Arbeitszimmer. Genau! Das muss er sich näher ansehen: Herrn Beiers Arbeitszimmer.

In der Mitte des Zimmers steht ein großer Schreibtisch. Er setzt sich auf einen großen, braunen Stuhl und sieht sich um. Auf dem Schreibtisch liegen Papier, Umschläge [2] und Briefe. Es gibt jede Menge Papier. Überall liegt beschriebenes Papier. Georg versteht nicht, was auf den Blättern [3] steht. So einfach, wie er es sich gedacht hatte, ist es also doch nicht, ... aber er ist ganz sicher, dass er sofort erkennen [4] wird, was wichtig ist.

---

1. **e Eins** : ist in Deutschland die beste Schulnote.
2. **r Umschlag** : auf den Umschlag schreibe ich die Adresse.
3. **s Blatt** : Papier.
4. **erkennen** : wissen/sehen.

Der Schreibtisch hat drei Schubladen: die beiden offenen Schubladen sind leer. Die dritte ist verschlossen.

„Gut. Hier muss die Lösung [1] sein."

Er öffnet die Schublade mit dem Brieföffner, der auf dem Schreibtisch liegt. In der Schublade liegt ein großer, brauner Umschlag. Er macht ihn auf. Im Umschlag sind Fotokopien. Er liest sie: ein Testament! Frau Beiers Testament! Sie hinterlässt [2] alles ihrem Mann. Und die Summe, die sie ihm hinterlässt, ist enorm: eine Million Mark. „So reich ist sie gewesen!"

Auch wenn das an sich noch nichts beweist, ist das doch immerhin ein Motiv, ein gutes Motiv.

1. **e Lösung** : zwei plus zwei? die Lösung ist: vier.
2. **hinterlassen** : etwas für jemanden zurücklassen, wenn man weggeht oder stirbt.

# Leseverständnis

**1** **Was ist richtig?**

1. Georg geht nicht in die Schule, denn
   - **a.** ☐ es ist Samstag.
   - **b.** ☐ er hat keine Lust.
   - **c.** ☐ er braucht die Schule nicht.

2. Georg will nicht zur Beerdigung gehen, weil
   - **a.** ☐ er zu Hause bleiben will.
   - **b.** ☐ er zu Pest gehen muss.
   - **c.** ☐ er in die Wohnung von Herrn Beier will.

3. Georg sagt der Mutter
   - **a.** ☐ die Wahrheit.
   - **b.** ☐ eine Lüge.
   - **c.** ☐ etwas über Herrn und Frau Beier.

4. Georg
   - **a.** ☐ geht zur Beerdigung.
   - **b.** ☐ geht hin und bleibt nur kurz.
   - **c.** ☐ geht nicht.

5. Hans
   - **a.** ☐ geht mit ihm in die Wohnung.
   - **b.** ☐ wartet auf ihn.
   - **c.** ☐ ist nicht da.

6. Wenn Herr Beier kommt, soll Hans
   - **a.** ☐ die Polizei anrufen.
   - **b.** ☐ in die Wohnung gehen.
   - **c.** ☐ klingeln.

**2** **Fragen zum Text.**

1. War es schwer, in die Wohnung zu kommen?
2. Was ist in Herrn Beiers Wohnung anders als in der Wohnung von Georgs Eltern?
3. Wo sucht Georg nach Beweisen?
4. Was macht er am Schreibtisch?
5. Was findet er in der Schublade?

# Sprechen und Schreiben

**1** **Das ist der Plan der Wohnung Herrn Beiers. Schreibe die Namen der Räume auf den Plan.**

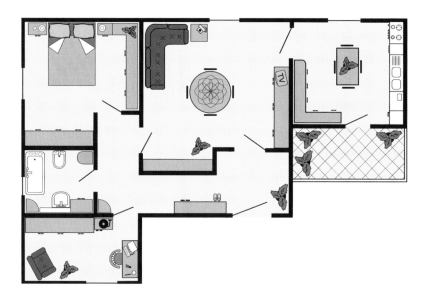

das Schlafzimmer      das Arbeitszimmer

die Küche      das Wohnzimmer

das Badezimmer      der Flur

der Balkon

# Hören und Verstehen

🎧 **1** Hör gut zu! Ordne den Bildern die passenden Wörter zu!

**2** Georg sagt, dass er zu seinem Lehrer muss. Das ist eine (Not)Lüge, nur eine „Ausrede". „Ausreden" brauchen wir alle ziemlich oft. Auf der CD hörst du sechs typische Ausreden. Verbinde sie mit einem passenden Satz.

*Beispiel:* „Ich habe Zahnschmerzen."

Ich kann nicht ins Büro kommen, denn ich habe Zahnschmerzen.

ODER: Ich kann nicht ins Büro kommen, weil ich Zahnschmerzen habe.

1. Leider kann ich dir heute nicht helfen.

   ........................................................................................

2. Ich habe nicht gelernt.

   ........................................................................................

3. Ich bin zu spät gekommen.

   ........................................................................................

4. Ich habe die Hausaufgaben nicht hier.

   ........................................................................................

5. Ich konnte dich nicht anrufen.

   ........................................................................................

6. Ich bin zu spät nach Hause gekommen.

   ........................................................................................

Und du? Wo und wann gebrauchst du Ausreden? In der Schule oder bei der Arbeit? Zu Hause, mt Freund oder Freundin? Nenne mindestens fünf Situationen. Was sagst du? Glauben dir die anderen, was du sagst, oder wissen sie, dass es nur eine Ausrede ist?

**3** **Ergänze die fehlenden Präpositionen und Artikel.**

*Beispiel:* Er schläft manchmal im Büro.

Georg und Hans gehen .............. Polizeiwache. Hier spricht
Georg .............. Polizisten. Er gibt ihm das Pulver. Der Polizist
schickt es .............. Labor. .............. Polizeiwache wartet Hans.
Georg sagt ihm, dass er .............. Balkon in Herrn Beiers
Wohnung kommen will. Hans bleibt .............. Haus und wartet.
Seiner Mutter sagt Georg, dass er .............. Herrn Pest gehen
muss.

# Spiel

**1** **Welche Wörter sind hier versteckt?**

| W | S | T | Ü | C | K |
|---|---|---|---|---|---|
| I | C | H | B | E | I |
| E | H | E | G | L | N |
| K | O | M | M | E | N |
| I | N | E | E | H | A |
| R | V | I | E | R | S |
| C | D | N | I | E | E |
| H | H | E | R | R | N |
| E | I | N | T | U | G |

# KAPITEL 6

# Angst

lötzlich hört Georg etwas. Jemand kommt in die Wohnung. Er sieht auf die Uhr. Schon 17.10! Die Zeit ist so schnell vergangen! Warum hat Hans nicht geklingelt? Oder hat er geklingelt? Und Georg hat ihn nicht gehört. Jetzt hat Georg wirklich große Angst. Was soll er tun? Er hat keine Zeit mehr, über den Balkon hinauszukommen. Er geht ins Schlafzimmer. Unter das Bett? Nein! Er versteckt [1] sich... auf dem Schrank, hinter einem großen Koffer. Er hört, wie Herr Beier in der Wohnung herumgeht. Er geht ins Arbeitszimmer und kommt fast sofort wieder heraus. Er hat natürlich gesehen, dass jemand in der Wohnung gewesen

---

1. **sich verstecken** : ich gehe dahin, wo mich niemand findet.

und vielleicht noch da ist. Jetzt sieht er überall nach. Georg hat panische Angst! Eine Hand schiebt [1] den Koffer zur Seite... und er sieht ihn ... Herrn Beier, ganz rot im Gesicht, mit einem Messer in der Hand.

„Komm sofort da runter!" schreit er.

„Was suchst du hier?"

Georg hat zu viel Angst. Er möchte etwas sagen, aber er sagt kein Wort.

„Was du hier machst?!"

„Ich..." Georg weiß nicht, was er sagen soll.

„Du miese [2] kleine Ratte... aber jetzt... jetzt..."

Er nimmt ihn am Arm und zieht ihn vom Schrank herunter. Mit dem Messer in der Hand macht er Georg wirklich Angst.

„Also? Willst du mir jetzt endlich antworten? Warum bist du hier?"

„Ich... ich weiß auch nicht..."

„Komm mit!"

„Aua! Sie brechen mir ja den Arm", sagt Georg, aber Herr Beier zieht ihn hinter sich her.

Sie gehen zusammen in sein Arbeitszimmer.

---

1. **schieben** : mit der Hand bewegen.
2. **mies** : böse.
3. **aufbrechen** : mit einem Instrument aufmachen.

# DIE NACHBARN

„Warum hast du die Schublade aufgebrochen [3]? Was hast du denn gesucht?"

Herr Beier hält ihm das Messer unter die Nase.

„Ich bin in die Wohnung gekommen, weil ich denke, dass Sie... dass Sie... Ihre Frau ermordet haben."

„Meine... Frau... Meine Frau..." Herr Beier wird ganz rot und dann lacht er laut. „Da hast du wohl geträumt, du kleiner..."

„Ich habe in der Nacht alles gehört."

„Alles – was?"

„Alles."

Jetzt sieht Herr Beier nachdenklich aus.

„Jetzt kommst du mit auf den Balkon."

„Auf den Balkon? Warum auf den Balkon?"

„Da bist du doch hergekommen, oder? und dahin gehst du jetzt zurück... und dann, zum Teufel [1]!"

Georg hat verstanden: „Er will mich vom Balkon werfen, es soll wie ein Unfall aussehen." Er muss sofort etwas tun! Aber was? Er schreit:

„Gleich kommt die Polizei! Ich habe die Polizei schon angerufen..."

Aber Herr Beier lacht nur. Er glaubt ihm nicht.

„Du neugieriges Aas [2]!" sagt Herr Beier und zieht ihn Richtung Balkon. Georg hat Angst, große Angst.

---

1. **r Teufel** : wohnt in der Hölle.
2. **s Aas** : Kadaver eines Tieres.

# DIE NACHBARN

Plötzlich hören sie, dass jemand in der Wohnung ist. Es sind drei oder vier Personen. Sie sprechen laut. Dann kommt Hans mit zwei Polizisten ins Zimmer. Einer von ihnen ist Trumpel, der blonde Polizist, mit dem Georg gesprochen hat. Sie haben Pistolen in den Händen.

„Wir haben alles gehört. Sie sind verhaftet [1]" sagt Trumpel.

„Uff", denkt Georg, „in letzter Minute." Die beiden Polizisten nehmen Herrn Beier in ihre Mitte und sagen zu Georg:

„Du kommst bitte auch mit auf die Wache."

Hans schaut seinen Freund an und fragt ihn:

„Ist alles in Ordnung? Hat er dir was getan?"

„Nein. Ihr seid rechtzeitig gekommen."

---

1. **verhaftet** : unter Arrest.

# Leseverständnis

**1** **Was ist richtig?**

1. Herr Beier findet Georg:
   - **a.** ☐ auf dem Balkon.
   - **b.** ☐ unter dem Bett.
   - **c.** ☐ auf dem Schrank.

2. Herr Beier
   - **a.** ☐ hat ein Messer in der Hand.
   - **b.** ☐ hat Angst.
   - **c.** ☐ bricht Georg einen Arm.

3. Georg sagt
   - **a.** ☐ nichts.
   - **b.** ☐ dass Herr Beier seine Frau ermordet hat.
   - **c.** ☐ dass er der Polizei nichts gesagt hat.

4. Herr Beier will Georg
   - **a.** ☐ ermorden.
   - **b.** ☐ über den Balkon in seine Wohnung zurückbringen.
   - **c.** ☐ vergiften.

5. Die Polizisten
   - **a.** ☐ hat Georg angerufen.
   - **b.** ☐ haben Pistolen.
   - **c.** ☐ sind viele.

# Sprechen und Schreiben

**1** **Gute Verstecke – schlechte Verstecke.**

Warum geht Georg nicht unter das Bett? War das Versteck auf
dem Schrank besser? Wo kann man sich in einer Wohnung
verstecken?

Wenn du viel Geld im Haus hättest, wo würdest du das Geld
verstecken?

*Beispiel:* „Ich würde das Geld hinter einem Koffer unter dem
Bett verstecken.“

|  |  |
|---|---|
| | dem Bett |
| **draußen vor** | einer Tür |
| **hinter** | einem Koffer |
| **unter** | der Matratze |
| | dem Balkon |
| **in** | dem Fenster |
| **auf** | einem Abstellraum |
| | einem Schrank |
| | (den Kleidungsstücken) |

# Grammatik

**1** **Personalpronomen.**

| Nominativ | Akkusativ | Dativ |
|-----------|-----------|-------|
| ich | mich | mir |
| du | dich | dir |
| er | ihn | ihm |
| sie | sie | ihr |
| es | es | ihm |
| wir | uns | uns |
| ihr | euch | euch |
| sie | sie | ihnen |
| Sie | Sie | Ihnen |

*Beispiel:* Geben Sie mir die fünf Euro?
Nein, heute gebe ich sie dir nicht.

**2** **Ergänze mit Personalpronomen:**

1. Herr Beier findet Georg. Er nimmt ................... am Arm.
   „Willst du ................... jetzt endlich antworten? Warum bist
   du hier?"
   „................... weiß nicht."
   „Aua! ................... brechen ................... den Arm", sagt
   Georg, aber Herr Beier zieht ................... hinter sich her.
2. Georg hat verstanden. Er will ................... vom Balkon
   werfen. Er schreit:
   „Bald kommt die Polizei. Ich habe ................... schon
   angerufen." Aber Herr Beier glaubt ................... nicht.
3. Dann kommt Hans mit zwei Polizisten ins Zimmer. Einer von
   ................... ist Trumpel. ................... haben Pistolen in den
   Händen.
   „................... haben alles gehört." sagt Trumpel.

# Hören und Verstehen

🎧 **1** **Hör mal! „i" / „ie" / „je"?**

.....mand kommt in die Wohnung. Georg s.....ht auf die Uhr.
Schon 17.10. Die Zeit .....st so schnell vergangen! Warum hat
Hans nicht gekl.....ngelt? Oder hat er gekl....ngelt und Georg hat
.....hn nicht gehört? .....etzt hat Georg w.....rklich große Angst. Er
w.....ll sich verstecken, aber wo?

# Spiel

**1** **Kreuzworträtsel.**

**Waagerecht**

1. Das macht man jede Nacht.
2. Da liest man die Zeit ab.
3. Das Gegenteil von „klein".
4. Film von Spielberg.
5. Artikel Plural.
6. In Deutschland trinkt man
   viel...
7. Sechzig Sekunden.

**Senkrecht**

1. Sehr laut sprechen.
2. Das Gegenteil von „leise".
3. Das Gegenteil von „fragen".
4. Hat Herr Beier ... Beier
   ermordet?

# Die Lösung

**G**eorg und Hans sitzen im Polizeiwagen.

„Warum hast du denn nicht geklingelt?" fragt Georg.

„Die Klingel hat nicht funktioniert. Ist wohl nass geworden."

„Und woher ist die Polizei gekommen?"

„Ich habe den Beier nach Hause kommen sehen und die Polizei angerufen. Aber Trumpel war nicht in seinem Büro."

„Und wie...?"

„Er war auf dem Weg hierher."

„Echt? So ein Schwein!"

„Wie bitte?" fragt Trumpel von vorne.

# DIE NACHBARN

„Nein, nein", sagt Georg schnell, „ich wollte sagen: da habe ich Schwein ¹ gehabt!"

Trumpel lacht.

Auf der Polizeiwache erklärt er Georg und Hans alles.

„Ich habe deinen Plastikbeutel ins Labor geschickt. Der Experte hat mir gesagt: Gift! Ich habe gedacht: Also hatte der Junge Recht ². Dann habe ich gesucht, was wir über Beier wissen. Es gibt eine Akte über ihn. Aber..."

„Aber was?" fragen Georg und Hans im selben Moment.

„Man hat ihm nichts beweisen können. Er war mit einer reichen Dame verheiratet gewesen, die sehr viel älter war als er. Und auch sie ist, wie Frau Beier, an einem Herzschlag gestorben. Aber es sind keine Indizien dafür gefunden worden, dass seine Frau keines natürlichen Todes gestorben ist. So hat er eine halbe Million Mark kassiert. Auch Frau Beier war von Haus aus reich und in dem Testament, das du, Georg, gefunden hast, hatte sie alles ihm hinterlassen. Er hat den Mord so geplant, dass man dachte, sie hätte sich plötzlich nicht gut gefühlt. Morgen machen wir die Autopsie und ich bin sicher, dass die Experten auch sagen: Tod durch Vergiften."

„Es war also wirklich Frau Beier, die ich neulich abends habe schreien hören. Sie hatte sich ganz plötzlich schlecht

---

1. **Schwein** : (hier) Glück.
2. **Recht haben** : das Richtige gesagt haben.

gefühlt, war hingefallen und dann... war sie tot." sagt Georg.

„Ja, aber nicht sofort. In dem Plastikbeutel haben wir ein Gift namens PRS gefunden. Dieses Gift wirkt [1] nicht sofort, sondern erst nach etwa einer halben Stunde."

Hans sagt:

„Also hat Herr Beier einfach zugesehen, ohne etwas zu tun."

„Ja, Herr Beier ist wirklich ein Verbrecher [2]."

„Und er wollte mich auch umbringen", sagt Georg. „Aber zum Glück sind Sie im richtigen Moment gekommen."

„Tja. Ich war auf dem Weg hierher, weil ich Herrn Beier verhören [3] wollte. Dein Freund Hans hat mich angesprochen. Mir war sofort klar, dass du in Gefahr [4] warst.

Der Polizeichef kommt dazu:

„Saubere Arbeit, Georg. Aber das nächste Mal spiel bitte nicht den Detektiv, sondern komm zu uns."

„Jaja." Georg ist mit sich und der Welt zufrieden. Ein Journalist der Freiburger Nachrichten will die Geschichte

1. **wirken** : Effekte zeigen.
2. **r Verbrecher** : r Kriminelle.
3. **verhören** : befragen (Polizei).
4. **in Gefahr** : in einer riskanten Situation.
5. **jemandem etwas versprechen** : sagen, was man in der Zukunft für jemanden machen will.

bringen und verspricht [5] Georg Geld für ein Interview.

„Aber was werden meine Eltern sagen? Sicher werden sie sich ärgern..." sagt Georg.

„Ach was!" meint Hans. „Sie werden sich freuen, stolz [1] sein auf ihren Sohn!"

Der Tag danach... ist ein Sonntag. Alle sind zu Hause: Mama, Papa, die Schwester und... Georg. Sie setzen sich an den Frühstückstisch. Sein Vater schlägt die Zeitung auf. Auf der ersten Seite: Georgs Foto. „Was – das – GEEEEORG!!"

1. **stolz** : mit sich zufrieden.

# Leseverständnis

**1** **Was ist richtig?**

1. Georg hat die Fahrradklingel nicht gehört, weil
   - **a.** ☐ Hans nicht geklingelt hat.
   - **b.** ☐ Georg zu beschäftigt war.
   - **c.** ☐ die Klingel nicht funktioniert hat.

2. Die Polizei kennt Herrn Beier schon.
   - **a.** ☐ Sie hatten ihn schon einmal verhaftet.
   - **b.** ☐ Er hat zu oft geheiratet.
   - **c.** ☐ Auch seine erste Frau war plötzlich gestorben.

3. Das Gift PRS
   - **a.** ☐ wirkt sofort.
   - **b.** ☐ wirkt langsam.
   - **c.** ☐ wirkt nicht.

4. Die Polizisten waren gekommen,
   - **a.** ☐ weil sie schon wussten, dass Herr Beier seine Frau ermordet hatte.
   - **b.** ☐ weil sie Angst um Georg hatten.
   - **c.** ☐ weil sie mit Herrn Beier sprechen wollten.

5. Ein Journalist
   - **a.** ☐ spricht mit den Polizisten.
   - **b.** ☐ will einen Artikel über Georg schreiben.
   - **c.** ☐ will mit Georgs Vater sprechen.

6. Georg Vater ist wahrscheinlich
   - **a.** ☐ stolz auf Georg.
   - **b.** ☐ zufrieden mit Georg.
   - **c.** ☐ böse auf Georg.

# Sprechen und Schreiben

**1** **Allgemeine Fragen.**

1. Glaubst du, dass Georgs Eltern mit ihm zufrieden sind? Wie werden sie reagieren?
2. Was werden seine Mitschüler sagen?
3. Glaubst du, dass Georg immer noch Detektiv werden will?
4. Was muss er vorher noch machen? Hat er schon etwas von einem guten Detektiv?

**2** **Diese Wörter haben mit Verbrechen zu tun.**

G....     Substanz, die tötet

A....     da sind Informationen drin

M....     ermordet andere

I....     hilft uns, den Verbrecher zu finden

T....     Lebensende

A....     macht ein Arzt mit Toten

V....     macht die Polizei, wenn sie glaubt, eine Person ist ein Verbrecher

D....     das möchte Georg werden

# Grammatik

**1** In diesem Zeitungsartikel über einen anderen jungen Detektiv fehlen die Verben. Setze sie in der richtigen Form (Partizip) ein. Die Liste der Verben steht unter dem Text.

*Beispiel:* Er sagt, er hat sie gestern *angerufen*. (anrufen)

> spielen   verhaften   verstecken   anrufen   finden
> kommen   holen   denken   sagen   gehen   sehen
> wegfahren   ansehen   notieren   werfen

Am Freitag Nachmittag hatte der sechzehnjährige Jens B. mit seinen Freunden Fußball .................... . Er erzählt: „Die anderen waren schon weg, als ich um achtzehn Uhr nach Hause .................... wollte, und da habe ich einen Mann .................... , der sein Auto neben dem Fußballplatz parkte. Das habe ich komisch .................... , denn es war niemand mehr auf dem Fußballplatz. Ich habe mich hinter einem Baum .................... . Der Mann ist aus dem Auto .................... und hat einen großen Sack aus dem Kofferraum .................... und auf den Platz .................... . Das hat mich geärgert und ich habe ....................: „Das ist doch keine Mülldeponie!" Aber ich hatte Angst und habe nichts .................... . Der Mann ist schnell .................... , aber ich habe mir seine Autonummer .................... . Dann habe ich mir den Sack .................... . Im Sack lagen eine schwarze Strumpfmaske, eine Pistole und Handschuhe. Da habe ich die Polizei .................... ." Der Mann, den die Polizei kurze Zeit später .................... hat, war der Bankräuber Willi X.

# Hören und Verstehen

🎧 **1** **Was wird im Radio über Herrn Beier gesagt?**

Wie alt soll er sein?

Woher kommt er?

Welchen Namen gibt ihm der Radiosprecher?

Zu welcher Kategorie von Mördern soll Herr Beier gehören?

Welche Informationen sind falsch?

FIT1 **2** **Du bist Georg und die Falsch-Informationen aus dem Radio stören dich. Schreib eine E-mail an die Redaktion des Radiosenders.**

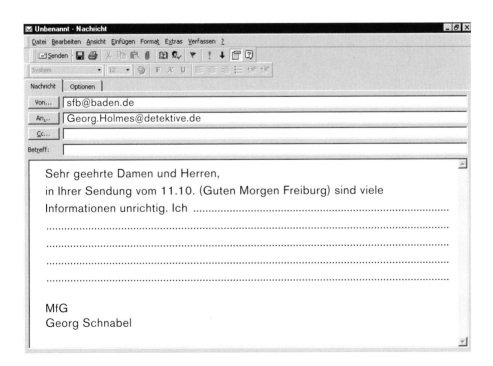

# Sprechen und Schreiben

**1** **Hier siehst du deutschsprachige Zeitschriften. Was glaubst du?**

1. Erscheinen sie wöchentlich oder monatlich?
2. Welche Zeitschrift wird für ein besonderes Publikum gemacht?
3. Welche dieser Zeitungen und Zeitschriften kann man auch in deinem Heimatort am Kiosk finden?

Die Zeitschriften auf der linken Seite gibt es auch als Online-Version. Über die Suchmaschine www.google.de kannst du sie leicht finden.

Die Angebote unterscheiden sich stark voneinander, zum Teil auch von der Print-Version. Es gibt zum Beispiel Artikel, die nur Online publiziert werden. Die Online-Artikel sind oft aktueller, enthalten manchmal aber auch Fehler (Rechtschreibung, Wortwahl, Satzbau), was in der Print-Version sehr selten vorkommt. Online-Artikel sind auch meistens kürzer als die gedruckten Artikel: sie – oder jeder einzelne Abschnitt – sollen auf einer Web-Seite Platz finden.

Andererseits bieten viele Web-Seiten auch Dinge an, die wir in der Print-Version nicht finden, zum Beispiel komplette Ratgeber für Liebes- oder Karriereprobleme.

**Suche die Web-Seite der abgebildeten Zeitschriften und analysiere das Angebot.**

1. Hat die Zeitschrift eine autonome Web-Seite oder ist diese in eine andere Seite integriert (zum Beispiel einen Server)?

2. Wie ist die Seite gestaltet? Brauchst du lange, um die Seite zu laden? Gibt es viele Bilder, viel Reklame (zum Beispiel in Pop-ups)?

3. Welche besonderen Angebote werden gemacht?

   a. Gibt es ein Diskussionsforum oder wirst du zum Chat eingeladen?

   b. Gibt es (meistens auf einer Leiste rechts oder links) Hilfen für Partner-, Wohnungs- oder Jobsuche? Ratgeber für Schönheit, Gesundheit, Erfolg, Familie, Liebe oder anderes? Ist die Hilfe kostenlos? Kommt sie von externen Anbietern?

   c. Welche thematischen Rubriken (meistens auf der Leiste links oder rechts auf dem Bildschirm) werden angeboten?

   d. Gibt einen News-Ticker oder Platz für besonders Aktuelles?

**Bewerte** das Web-Angebot der fünf Zeitschriften mit einer Note von 1-10. Begründe deine Benotung.

**2** Journalisten schreiben viel und manchmal großen Unsinn. „Der Spiegel" bringt jede Woche eine Reihe von (unfreiwillig?) komischen Titeln aus anderen Zeitungen.
Hier findest du eine Auswahl.

## DER SPIEGEL

1. Welche dieser Titel findest du makaber?
2. Welche einfach dumm?
3. Hat Schottland das Fußballspiel gewonnen oder verloren?

**1**

Die Medizin macht es möglich:
Baby bei Geburt schon 5 Jahre alt

Aus der *Bild*-Zeitung

**2**

Landesweite Verkehrsaufklärungsaktion

## Zu viele junge tote Autofahrer

Aus dem *Freiburger Stadtkurier*

**3**

## Ostdeutsche ertrinken öfter

Dank „Baywatch" hat die DLRG so viele Mitglieder wie nie

Aus dem Berliner TAGESSPIEGEL

**4**

## 0:0 für Schottland

e *Offensivdynamik im zweiten Spiel der Gru*

Aus der *Neuen Zürcher Zeitung*

**5**

Wie der „arabisch-israellische" Konflikt von 1967 zur poli

## Dreißig Jahre 6-Tage-Krieg

Aus den KIELER NACHRICHTEN

**6**

## Vier Tote – sonst war nicht viel los

ach Unfall auf der Autobahn überrolt – Frühling läßt auf sich warte

Aus dem *Traunsteiner Wochenblatt*

**7**

## Hälfte der Eltern sind Väter

Aus den *Oberösterreichischen Nachrichten*

### Die „Ferien-Universität"

Freiburg (200 000 Einwohner/ 24000 Studenten) hat eine große Universität. Viele junge Leute wollen dort studieren, denn die Universität ist renommiert. Aber es gibt noch einen anderen Grund: die Lebensqualität in Freiburg ist hoch. In Freiburg ist das Wetter besser als im Rest Deutschlands. In Freiburg gibt es mehr Schwimmbäder als anderswo.

Der Schwarzwald, eines der größten Erholungsgebiete in Deutschland, liegt in der Nähe.

Freiburg liegt im „Dreiländereck" von Deutschland, Frankreich und der Schweiz – da kann man leicht ein paar Tage weg fahren.

*Blick auf die Altstadt von Freiburg*

## Überreste des Mittelalters – wieder aufgebaut

Freiburg ist eine alte Stadt. Die Altstadt, im Krieg durch Bomben zerstört, hat man wieder aufgebaut. Jährlich kommen viele Touristen, um die gotische Kathedrale (13.-16.Jahrhundert), das rote Kaufhaus (von 1532) und das Kornhaus (15.Jhdt.) zu sehen und in der Innenstadt spazieren zu gehen, Kuchen zu essen oder einzukaufen. Doch Vorsicht, in den Fußgängerstraßen gibt es schmale Rinnen (Baechle im Dialekt), durch die Wasser fließt. Früher tranken die Pferde das Wasser. Heute ...

*Ein typisches Baechle*

*Mit der Seilbahn ins Schauinsland*

## Am Wochenende: Schauinsland

Wer Zeit hat, fährt aus der Stadt hinaus. Die Umgebung von Freiburg bietet Wander- und Sportfreundinnen (und freunden) Vieles: Skifahren, Mountain-Biking (auch Downhill-Strecken), Laufen und Schwimmen kann man hier. Sehr beliebt ist eine Fahrt zum Berg Schauinsland (1284m), von wo man, wie der Name schon sagt, eine schöne Aussicht hat. Hinauf fährt eine Seilbahn.

**Nicht in, sondern bei Freiburg**

Viele Freiburger wollen, und das ist ohne Frage typisch deutsch, nicht in einer Stadtwohnung, sondern in einem Haus im Grünen wohnen.

*Bauernhof im Schwarzwald*

Staufen bei Freiburg ist nur ein Beispiel für einen Ort vor den Toren der Stadt, wo viele ein ruhiges Leben suchen.

Hier wohnen im Jahre 2001 7560 Menschen (davon sind 4205 vierzig Jahre alt oder älter und 1400 jünger als 18). Um nach Freiburg zu kommen, musst du den Bus nach Bad Krotzingen und dann den Zug nehmen ... Für die Kinder der Familien, die hier wohnen, ist das nicht immer sehr lustig, vor allem, wenn sie größer werden und Schulen, Geschäfte und Freunde besuchen, die sie in Staufen nicht finden. Das ist natürlich nicht nur „bei Freiburg" so.

*Staufen*

**1** Was versteht man unter Lebensqualität? Was ist für dich wichtig? Freizeit: Konzerte, Sport, Diskotheken – Ruhe und gute Luft – Geschäfte und Kaufhäuser …

Wo ist für dich die Lebensqualität höher: in einer Großstadt wie Frankfurt oder Berlin, in einer schönen Provinzstadt wie Freiburg, in einem Dorf in der Nähe oder – in einem kleinen Häuschen mitten im Wald?

**2** Du fährst mit einer Gruppe von Freundinnen und Freunden nach Freiburg. Was machst du dort? Was siehst du dir an? Wo fährst du hin?

## Seite 35

1  K I **N** D E R G A R T E N
2  S C H W **A** R Z
3  **C** O M I C
4  W O **H** N U N G
5  A R **B** E I T
6  M E D I K **A** M E N T
7  A N **R** U F E N
8  S T U **N** D E

## Seite 53

| W | S | T | Ü | C | K |
|---|---|---|---|---|---|
| I | C | H | B | E | I |
| E | H | E | G | L | N |
| K | O | M | M | E | N |
| I | N | E | E | H | A |
| R | V | I | E | R | S |
| C | D | N | I | E | E |
| H | H | E | R | R | N |
| E | I | N | T | U | G |

## Seite 6

    **1**    **2 3 4**

1  S C H L A F E N
   C   A N R
2  U H R  U T A
3  G R O ß T W U
4  E T   O
5  D I E  R
6  B I E R  T
7  M I N U T E E
        N